Thomas Pätzold

Ethik in der Wirtschaftsinformatik

GRIN Verlag

Bibliografische Information der Deutschen Nationalbibliothek:

Die Deutsche Bibliothek verzeichnet diese Publikation in der Deutschen National-
bibliografie; detaillierte bibliografische Daten sind im Internet über http://dnb.d-
nb.de/ abrufbar.

Impressum:

Copyright © 2010 GRIN Verlag GmbH
Druck und Bindung: Books on Demand GmbH, Norderstedt Germany
ISBN: 978-3-640-82449-6

Dieses Buch bei GRIN:

http://www.grin.com/de/e-book/166082/ethik-in-der-wirtschaftsinformatik

GRIN - Your knowledge has value

Der GRIN Verlag publiziert seit 1998 wissenschaftliche Arbeiten von Studenten, Hochschullehrern und anderen Akademikern als eBook und gedrucktes Buch. Die Verlagswebsite www.grin.com ist die ideale Plattform zur Veröffentlichung von Hausarbeiten, Abschlussarbeiten, wissenschaftlichen Aufsätzen, Dissertationen und Fachbüchern.

Besuchen Sie uns im Internet:

http://www.grin.com/

http://www.facebook.com/grincom

http://www.twitter.com/grin_com

Technische Universität Ilmenau

Fakultät für Wirtschaftswissenschaften

Fachgebiet Wirtschaftsinformatik für Dienstleistungen

Hauptseminar

Wintersemester 2010/2011

zum Thema

Ethik in der Wirtschaftsinformatik

Bearbeiter: Thomas Pätzold

Bearbeitungszeitraum: 20.10.2010 – 26.11.2010

Datum: 26.11.2010

Inhaltsverzeichnis

Abbildungsverzeichnis

1. Einleitung

Die Leistungsfähigkeit von Computern steigt ständig rapide an. Speicherplatz wird immer kostengünstiger und die Vernetzung unterschiedlicher Systeme schreitet voran. Immer mehr Daten werden gespeichert und neue Informationssysteme entwickelt. Die Frage wird aufgeworfen, welche Daten gespeichert werden dürfen, wie ein Informationssystem gestaltet und welche Verantwortung den Benutzern zugewiesen werden soll. (Laudon et al. 2010, S. 158) Umso mehr Informationssysteme entwickelt und eingeführt werden, umso höher ist die Abhängigkeit von diesen Systemen und die Verletzbarkeit bei Fehlern. Die ethische Bedeutung dieser Fragen für die Wirtschaftsinformatik soll mit dieser Arbeit behandelt werden. Es soll gezeigt werden, mit welchen Themen sich die Wirtschaftsinformatik bereits auseinander gesetzt hat und wie damit am besten umgegangen werden sollte. Die These dieser Arbeit lautet deshalb: In der Wirtschaftsinformatik haben ethische Aspekte bisher keine Beachtung gefunden. Diesbezüglich wurde eine Forschungsfrage gestellt, die mit dieser Arbeit beantwortet werden soll. Die Frage lautet: Welche ethischen Themen betreffen die Wirtschaftsinformatik?

Zu Beginn werden die wichtigsten Begriffe abgegrenzt und definiert. Anschließend sollen verschiedene Themengebiete mit ethischer Relevanz mithilfe einer Literaturrecherche ausgearbeitet und dargestellt werden. Im Anschluss sollen Möglichkeiten gezeigt werden, wie mit ethischen Themen verfahren werden kann. In diesem Zusammenhang wird es auch nötig sein, Forderungen an die Wirtschaftsinformatik zu formulieren, um ethische Themen ordnungsgemäß zu behandeln. Den Schluss der Arbeit bilden dann eine Zusammenfassung und ein Fazit.

Es scheint, als würden ethische Betrachtungsweisen in der Gesellschaft an Bedeutung gewinnen. So protestierten tausende Bürger gegen die Einführung von Google Street View in Deutschland. (Koch 2010) Weitere Demonstrationen mit bis zu 7.500 Menschen wurden gegen verschiedene Systeme zur Datensammlung wie Elena oder eine geplante Volkszählung registriert. (Golem.de 2010) Das Interesse der Bevölkerung am Schutz der Privatsphäre steigt, die Angst vor der Datensammlung in Informationssystemen wächst. Die Wirtschaftsinformatik ist mit diesen ethischen Bedenken konfrontiert. Viele Alltagssituationen sind durch ethische Aspekte wie Moral, Werte und Haltungen gekennzeichnet. Es ist das Ziel dieser Arbeit, solche für die Wirtschaftsinformatik bedeutsamen Themen zu identifizieren und zu bewerten. Mit dieser Arbeit soll das Bewusstsein für ethische Themen geschaffen und zur Diskussion animiert werden.

2. Begriffsabgrenzungen

Um dem Leser der Arbeit ein besseres Bild über das Thema zu ermöglichen, sollen in diesem Punkt zweckmäßige Definitionen dargestellt werden.

Ethik

Die Ethik stellt einen grundlegenden Bestandteil der Philosophie dar, dessen Ursprünge bis in das antike Griechenland reichen. Kern der Betrachtungen in der Ethik ist die Moral, welche sich wiederum aus Werten bzw. Zielen, und Normen bzw. Handlungsanleitungen zusammensetzt. In jedem Individuum existieren Haltungen, wie der Mensch handeln soll. Die Ethik beschäftigt sich mit der Frage, ob die Handlungen eines Menschen richtig sind oder nicht. Ethik kann deskriptiv oder normativ sein. Deskriptive Ethik beschreibt empirisch, welche Handlungen in der Gesellschaft als gut angesehen werden. Normative Ethik beschäftigt sich mit guten und schlechten Verhaltensweisen und soll anhand dessen Sollzustände, also Normen, festlegen. Beide Teile werden unter der Methaethik noch einmal in Sprache und Logik der Aussagen untersucht. Diese systematische Dreiteilung ist charakteristisch für die Ethik. (Karmasin und Litschka 2008, S. 13 f.)

Die vorliegende Arbeit bezieht sich vorwiegend auf deskriptive Ethik und zeigt, welche Haltungen in der Gesellschaft bereits angesprochen wurden und als gut bzw. schlecht eingeschätzt werden.

Wirtschaftsinformatik

Die Wirtschaftsinformatik beschäftigt sich laut Mertens „mit der Gestaltung, dem Betrieb und der Nutzung von Systemen der computergestützten Informationsverarbeitung in Wirtschaft und Verwaltung und zunehmend auch im unmittelbaren privaten Lebensumfeld." (Mertens et al. 2010, S. 1) Sie versucht, Informatik und Betriebswirtschaftslehre sinnvoll zu integrieren. Erste Klassifikationen stammen aus dem Jahre 1955, in dem EDV-Anwendungen erstmals in der Wirtschaft eingesetzt wurden. (Ortner 2009) Die interdisziplinäre Einordnung veranschaulicht diese Abbildung:

Abb. 1 Wirtschaftsinformatik als interdisziplinäre Wissenschaft (Abts und Mülder 2009, S. 3)

Zu erkennen ist, dass die Wirtschaftsinformatik Teile der Informatik, der Rechtslehre, der Betriebswirtschaftslehre und der Ingenieurwissenschaften beinhaltet. Mertens fügt in seinen Erklärungen noch einen zusätzlichen Bereich der Wirtschaftsinformatik an, der sich mit keiner anderen Wissenschaft deckt. (Mertens et al. 2010, S. 7)

Es ist also schwer, einen einheitlichen Begriff zu definieren, da die Übergänge zu anderen Wissenschaften fließend verlaufen. Wirtschaftsinformatik lässt sich als Realwissenschaft, als Formalwissenschaft und auch als Ingenieurwissenschaft klassifizieren. Wirtschaftsinformatiker beschäftigen sich mit der Beschreibung und Optimierung realer Informationssysteme und der Entwicklung und Konstruktion zukünftiger Informationssysteme. (Laudon et al. 2010, S. 61) Da sich die Wirtschaftsinformatik nicht nur mit betriebswirtschaftlichen Aspekten befasst, werden auch Anwendungen und Systeme für Privatanwender in dieser Arbeit unter ethischen Gesichtspunkten analysiert.

3. Ethisch relevante Themen für die Wirtschaftsinformatik

3.1 Asymmetrien in Informationssystemen

Eine Asymmetrie ist ein Ungleichgewicht. Sie entsteht in diesem Fall bei der Verfügbarkeit von Informationen. Wenn ein Informationssystem eine große Menge an Daten verarbeitet, aufbereitet und einem Entscheidungsträger darstellt, wählt das System automatisch aus der Fülle an Informationen die relevanten aus. Der Entscheider versorgt sich also nicht selbst mit Informationen, sondern bekommt diese durch ein System dargestellt. Diese zweckmäßig erstellte Asymmetrie dient der Spezialisierung und Effizienz von Unternehmen. Die aufgeworfenen ethischen Fragen bei diesem Sachverhalt stellen sich wie folgt dar:

Der Wirtschaftsinformatiker gestaltet das Informationssystem nach den Wünschen des Unternehmens. Es werden relevante Daten ausgewählt und aufbereitet. Es existiert jedoch keine genaue Einschätzung, welche Informationen denn wichtig sind und welche nicht. Auch die Berechnung von Ergebnissen bleibt dem Benutzer verborgen. Diese Informationsasymmetrie zwischen Entwickler und Benutzer führt zu Problemen im erwarteten Verhalten des Programmes.

Die Forderung an ein Programm, fehlerfrei und wie erwartet zu funktionieren, ist eine ethische, an Werte gebundene Aussage, die nicht eindeutig definiert ist. Die Systemanforderungen sind von Benutzer zu Benutzer unterschiedlich und demnach schwer zu generalisieren. Unkonkrete Wünsche wie erwartungstreue „gute" Software, können nicht zu formalen quantitativen Zielen führen. Deshalb werden Nutzer häufig in die Entwicklung des Systems einbezogen, um genauere Anforderungen formulieren zu können.

Die Beschäftigung mit den Asymmetrien zwischen Benutzern und Entwicklern findet also bereits vielfach im Alltag, wenn auch nur unterbewusst, statt. Es ist nicht sinnvoll, ein System vollständig bezüglich seiner Einflussgrößen und deren Konstellationen zu definieren, wodurch die Asymmetrisierung also keine problematische Handlungsweise ist. (Fehling und Jahnke 2007, S. 11 f.)

Zu diesem Thema werden demnach bereits Diskussionen geführt. Sie zielen jedoch nicht darauf ab, eindeutige ethisch korrekte Gestaltungslinien für Softwaresysteme zu definieren, da dies praktisch nicht möglich ist. Vielmehr besteht die Intention, ein Bewusstsein dafür zu schaffen, dass die Gestaltung von Software in Absprache mit den Benutzern ethische Züge aufweist.

3.2 Verantwortlichkeit von Entscheidungsträgern

Menschen, die Entscheidungen treffen, die andere Personen beeinflussen, haben eine besondere Verantwortung. Hierarchisch höher gestellte Mitarbeiter, Manager und Entscheider handeln nach ihren Möglichkeiten und nehmen somit Einfluss auf andere Mitmenschen. Hierbei wird die Frage aufgeworfen, welche Handlungen ethisch vertretbar sind und in welchem Maße andere Subjekte beeinflusst werden dürfen. Für die Wirtschaftsinformatik hat dies besonders bei der Entwicklung von Informationssystemen einen hohen Stellenwert. Umso mehr Informationen und Alternativen das System berücksichtigt, umso effektiver ist es. Durch den Anstieg der Wahlmöglichkeiten für einen Entscheider steigt auch dessen Verantwortlichkeit gegenüber dem Unternehmen und dessen Mitarbeitern.

Der Wirtschaftsinformatiker muss beim Entwurf der Software die Alternativen für den Nutzer so beschränken, dass eine Überforderung verhindert wird. Dadurch wird die Verantwortung der Entscheider sinnvoll eingegrenzt. Routinetätigkeiten sollten demnach relativ wenig Verantwortung bedeuten. Für strategische Entscheidungen hingegen muss ein sinnvolles Maß an strukturierten Optionen vorgegeben sein, um die Selektionsleistung zu sichern. Es ist demnach entscheidend, wie viele Informationen das System bereitstellt und welche Kontrolle der Benutzer über seine Entscheidungen hat. Umso intransparenter das System ist, umso stärker ist die Abhängigkeit von der Software und der Kontrollverlust des Nutzers. Im Extremfall muss der Software blind vertraut werden, was einer strengen Asymmetrisierung entspricht. Dadurch entscheidet nicht mehr der Mensch, sondern das Computersystem. (Fehling und Jahnke 2007, S. 14)

Zu dieser Thematik gibt es verschiedene Aussagen, wie der Wunsch von Johnson und Mulvey nach einer Standardisierung für die Entwicklung von entscheidungsunterstützenden Systemen. (Johnson und Mulvey 1995, S. 58-64) Ein weiterer Ansatz ist die Nutzung von künstlicher Intelligenz in solchen Systemen, die jedoch die Entscheidungsfreiheit des Menschen einschränkt bzw. diesen sogar ersetzt. Bei der Entwicklung von Informationssystemen wird bisher jedoch immer festgelegt, welche Verantwortung ein Benutzer haben darf, weshalb die ethische Bedeutung dieses Themas für die Wirtschaftsinformatik sehr hoch ist. (Fehling und Jahnke 2007, S. 15)

3.3 Datenspeicherung und Datenschutz

Wie eingangs erwähnt, stellt die Speicherung von Daten keine große finanzielle Belastung dar. Jedes Unternehmen und auch jede Privatperson kann aufgrund der geringen Kosten große Datenmengen speichern. Ein Verstoß gegen das Datenschutzgesetz ist problemlos möglich. Dieses ist in Deutschland verhältnismäßig strikt geregelt. Es gelten das „Recht auf informationelle Selbstbestimmung" und das Verbot der Speicherung von „identifizierbaren personenbezogenen Daten" durch Unternehmen. (Laudon et al. 2010, S. 165) Sofern also über eine Person personenbezogene Daten gespeichert werden sollen, bedarf dies einer Einwilligung des Betroffenen. Neben der Weiterentwicklung der Datensammlung, wurde auch die automatisierte Datenanalyse optimiert. Das Interesse der Unternehmen für die Einkaufsgewohnheiten, Geschmäcker und Vorlieben ihrer Kunden ist groß. Viele Informationen geben Kunden unbewusst und teilweise unbeabsichtigt preis. Jede Quittung wird in den elektronischen Kassen der Supermärkte registriert und gibt Aufschluss über Einkaufsgewohnheiten. Werbemittler wie DoubleClick erstellen Profile über Internetnutzer, um deren Vorlieben zu erkennen und ihnen zielgerichtete Werbung zu unterbreiten. (Laudon et al. 2010, S. 158)

Biometrische Daten

Zur eindeutigen Identifikation von Personen werden biometrische Merkmale immer häufiger genutzt. Solche Merkmale sind beispielsweise der Fingerabdruck oder die Form der Iris, aber auch Gesichtsform und Unterschrift. Durch verschiedene Scanner können diese Daten ausgelesen werden und so automatisierte Zutrittskontrollen durchgeführt werden. Die ethische Fragestellung in diesem Zusammenhang ist: darf ein Mensch ein Datenträger sein? Frühere Kontrollen nutzten Passwörter und Zahlencodes. Durch biometrische Datenerfassung sind die zutrittsgewährenden Merkmale jedoch nicht mehr von der Person unabhängig. Das Bewusstsein, dass bestimmte Körperteile biometrische Daten enthalten, kann das Verhalten eines Menschen ändern. Die Auswirkungen von Verstümmelungen oder Verletzungen steigen, da diese die Identifikation verhindern können. In diesem Zusammenhang steigt aber auch der Verdacht für Selbstverstümmelungsfälle. Ein weiterer Aspekt ist das Verfügungsrecht des Dateninhabers, also wann und wie auf dessen Daten zugegriffen werden darf. Weiterhin fragwürdig ist die Option, beim Scannen von biometrischen Merkmalen zusätzliche Informationen über die Person, wie Gemüts- oder Gesundheitszustand, zu erhalten. Diese Möglichkeit muss unterbunden werden. Durch die Verweigerung der

Datenerhebung oder wenn diese aus biologischen Gründen nicht möglich ist, kann es zu Diskriminierung kommen. Religiöse Ansichten der Entblößung durch biometrische Identifikation müssen respektiert werden. Die Risiken, die für den Einzelnen durch die Einführung von biometrischer Datenerfassung entstehen, müssen in jedem Fall einen Nutzen, wie erhöhte Sicherheit, mit sich bringen. Aus ethischer Sicht steht jedoch weiterhin der Sachverhalt des menschlichen Datenträgers im Mittelpunkt der Diskussion. (Rippe 2005, S. 150 ff.)

Elena

Mithilfe des elektronischen Entgeltnachweises sollen in Zukunft Arbeitnehmerdaten in einer zentralen Datenbank erfasst werden. Das Elena genannte System wird von Arbeitgebern Daten über ihre Arbeitnehmer sammeln und für die Beantragung von staatlichen Transferzahlungen konsultiert werden. Einträge in die Datenbank sind zum Beispiel Adresse, Einkommen, Arbeitszeit, Fehlzeiten und Familienstatus. Der Zugriff wird vorerst nur für die Bundesagentur für Arbeit möglich sein, jedoch sind weitere Freigaben für Krankenkassen oder Polizei realistisch. Die Speicherdauer beträgt mindestens zwei Jahre. Bedenken an diesem Projekt wurden vom Mitglied des Deutschen Ethikrats Spiros Simitis geäußert. Er stellt Sicherheit, Datenschutz und Zugriffsrechte in Frage. Besonders ein Freitextfeld zur individuellen Bewertung der Arbeitnehmer kritisiert er scharf, da es zu Diskriminierung, Sonderbehandlung oder zur Verweigerung von Leistungen kommen kann. Einige Veränderungen an der Datenerhebung wurden daraufhin bereits vorgenommen. (Schayani und Schmitt 2010) Ursprünglich startete die Datensammlung für Elena im Jahr 2010. Der Zugriff auf die Daten sollte ab 2012 möglich sein. Jedoch wurde dies vorerst auf 2014 verschoben, um die Testphase zu verlängern. Was mit den bisher gesammelten Daten geschehen soll, ist noch nicht entschieden worden. (Reichling 2010) Die ethische Relevanz bezüglich der Privatsphäre des Bürgers stellt hohe Anforderungen an die Entwicklung des Informationssystems Elena. Die Auswahl der zu erhebenden Daten muss sehr gewissenhaft und rechtlich korrekt geschehen, um die Profilerstellung über bestimmte Arbeitnehmer zu verhindern. Dies stellt für die Wirtschaftsinformatik eine große Herausforderung und Verantwortung dar.

Volkszählung 2011

Für den Mai 2011 ist in Deutschland eine Volkszählung geplant, die Aufschluss über die Einwohnerzahl geben soll. Die erhobenen Daten sollen beispielsweise zur Kalkulation des Bedarfs an Krankenhäusern, Kindertagesstätten oder Seniorenheimen dienen. Die Befragung findet lediglich stichprobenartig statt, beinhaltet aber Daten wie Beruf, Bildungsstand und die freiwillige Angabe zur Glaubensrichtung. Weiterhin werden Haus- und Wohnungseigentümer verpflichtet, über Ausstattung, Nutzungsverhältnisse und Gebäudeart Auskunft zu geben. (Hausding 2010) Auch in diesem Fall muss abgewogen werden, wie mit den Daten umgegangen werden soll. Die sichere Speicherung und Zugangskontrolle sind wichtig, um ethische Bedenken zu minimieren.

Datenschatten

Ein Datenschatten bezeichnet Informationen, die eine Person in modernen Kommunikationssystemen bewusst oder unbewusst hinterlässt. Prinzipiell sind diese Daten relativ harmlos, da sie an unterschiedlichen Orten gespeichert sind und kaum personenbezogen ausgewertet werden können. Das eigentliche Problem ist jedoch die Vernetzung von Datenbanken, sodass einzelne kleine Datenmengen zu großen Datenbeständen zusammengefasst werden. Dies ermöglicht die Identifikation von Personen und die Profilerstellung. (Fricke 2008, S. 2) Ein Beispiel für eine solche Datensammlung ist der Dienst Payback, mit welchem Einkaufsgewohnheiten über eine Chipkarte analysiert werden können. Auch das Mautsystem kann zur Verfolgung von Fahrzeugen genutzt werden. Obwohl dies nur für die Verfolgung von Straftätern genutzt werden soll, sind weitere Verwendungen nicht auszuschließen. (3sat 2006)

Die ethische Relevanz für die Wirtschaftsinformatik zeigt sich in der Verantwortung bei der Vernetzung solcher Informationssysteme. Die Profilerstellung muss verhindert werden. Personenbezogene Daten müssen anonymisiert werden und die Benutzer müssen darauf hingewiesen werden, wann sie wo Daten hinterlassen.

Geistiges Eigentum

Durch die Verbreitung von Kommunikationsnetzwerken entstehen Probleme für den Schutz des geistigen Eigentums. Bücher, Musiktitel und Filmmaterial sind online digitalisiert und nicht an physische Datenträger wie Papier oder CD gebunden. Ihre Verbreitung über Tauschbörsen im Internet stellt eine Gefahr für die Urheber dar. Durch die Anwendung des

Peer to Peer Prinzips werden Daten in Teilen an verschiedene Nutzer verteilt und nicht mehr zentral gespeichert, sodass ein Vorgehen gegen die Verbreitung nur schwer realisierbar ist. Im Zuge dessen wurden die Systeme zum Kopierschutz fortlaufend weiterentwickelt. Ethisch fragwürdig ist die Haltung, solche urheberrechtlich geschützten Werke kopieren zu dürfen bzw. auch der Aspekt, ob so leicht kopierbare Medien überhaupt geschützt werden müssen. (Laudon et al. 2010, S. 175) Die Wirtschaftsinformatik muss sich gezielt damit auseinandersetzen, ob und wie geistiges Eigentum geschützt werden kann und soll. Außerdem ist es nötig, das Bewusstsein der Nutzer dahingehend zu schulen, dass der potenzielle Diebstahl geistigen Eigentums kein Kavaliersdelikt ist und weitreichende Folgen haben kann.

3.4 NonObvious Relationship Awareness

Das NonObvious Relationship Awareness (NORA) Prinzip ermöglicht öffentlichen und privaten Organisationen die Profilerstellung über einzelne Personen. Es beruht auf der Analyse verschiedener Quellen wie Telefonrechnungen, Kundenverzeichnisse und Stellenbewerbungen, anhand deren Korrelationen nach Beziehungen zwischen einzelnen Personen gesucht werden soll. Entwickelt wurde NORA von System Research and Development (SRD), einem führenden Data-Mining Dienstleister. Ursprüngliche Intention war die Identifikation von verdächtigen Kasinospielern. Regierungsorganisationen wie Amerikanische Geheimdienste bekundeten jedoch schnell Interesse am System, sodass SRD Anfang 2005 von IBM aufgekauft wurde, um NORA weiterzuentwickeln. (O'Reilly 2005) Diese Suche nach nicht offensichtlichen Verbindungen soll der Bekämpfung von Verbrechen und Terrorismus dienen. Will beispielsweise ein Passagier ein Flugzeug betreten, der die Telefonnummer eines bekannten Terroristen besitzt, kann dies verhindert werden. Die Funktionsweise und die Art der Quellen werden noch einmal in dieser Abbildung verdeutlicht:

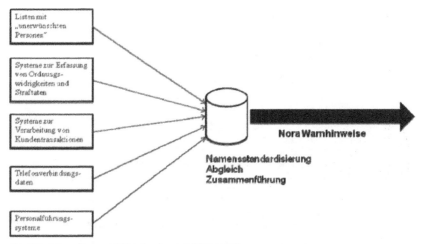

Abb. 2 Funktionsweise von NORA (Laudon et al. 2010, S. 160)

Es wäre beispielsweise denkbar, dass die Telefonnummer eines Bewerbers für ein Kasino mit der eines Kriminellen übereinstimmt und dadurch eine NORA Warnung an die Personalleitung übermittelt wird. (Laudon et al. 2010, S. 159 f.)

Die ethischen Fragstellungen an dieses System betreffen vor allem die Zugriffsrechte auf die Systeme. Welche Daten dürfen erfasst und weitergegeben werden und wer ist für das System verantwortlich? Gibt es Auswirkungen auf den Bewerbungsprozess oder auf das allgemeine Verhalten der Menschen? Mit diesen Fragen ist die Wirtschaftsinformatik konfrontiert. Das Recht auf Informationelle Selbstbestimmung und das Datenschutzrecht sind besonders betroffen. (Laudon et al. 2010, S. 159 f.)

3.5 Ortungssysteme

Das Global Positioning System dient der globalen Positionsbestimmung und Zeitmessung. Es wurde seit den 1970er Jahren fortlaufend durch weitere Satelliten ausgebaut und ist heute das Standardsystem für See-, Land- und Luftnavigation. Eine weitere Anwendung ist die Landvermessung. (Lorenz 2009) Die Funktionsweise wird anhand dieser Abbildung verdeutlicht:

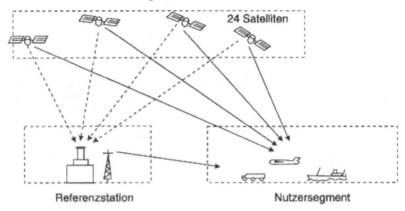

Raumsegment

24 Satelliten

Referenzstation   Nutzersegment

Abb. 3 Funktionsweise von GPS (Mansfeld 1998, S. 345)

Ein Nutzer muss mit mindestens 3 Satelliten in Verbindung stehen. Diese erhalten von der Referenzstation eine einheitliche Uhrzeit und ihre Entfernung. Durch die Verzögerung bei der Übertragung von Signalen erhält ein Empfänger jeweils unterschiedliche Uhrzeiten. Durch die Berücksichtigung von Übertragungsgeschwindigkeiten und Referenzentfernungen kann anschließend die Position bestimmt werden.

Die genaue Positionsbestimmung hat die Entwicklung verschiedener Systeme ermöglicht. Beispielsweise vertreibt der Ortungsdienstleister S3 im amerikanischen District of Columbia ein System, welches die Bewegungen von Schulbussen nachverfolgt. Es wurde für sechs Millionen USD auf Wunsch vieler Eltern eingeführt, um diesen die Möglichkeit zu geben, den Aufenthaltsort ihrer Kinder zu erfahren. Jeder Passagier wird in einer Datenbank mit Name, Adresse, Allergien und Kontaktpersonen erfasst. Alle Fahr- und Haltezeiten der Busse werden gespeichert. Nach Einführung des Systems reduzierten sich Abweichungen von den Routen durch Mittagspausen der Busfahrer und die Eltern äußerten sich positiv über die höhere Sicherheit der Kinder. Gleichzeitig gibt es jedoch Zweifel und Befürchtungen, dass der Zugriff auf die Daten durch Dritte möglich ist. Dadurch können Bewegungsprofile einzelner Personen erstellt werden, was die Sicherheit wiederrum stark in Frage stellt. Ein ähnliches System findet in der Diebstahlsicherung von Fahrzeugen Anwendung. Gestohlene Fahrzeuge können schneller geortet und zurückgebracht werden. (Laudon et al. 2010, S. 151)

Eine weitere Verwendung von GPS bietet EMO Telematik an. Der Dienstleister stattet Demenzkranke mit GPS Systemen aus, um diese zuverlässig zu orten, wenn sie ihren derzeitigen Aufenthaltsort ohne Aufsicht verlassen. Die Patienten neigen dazu, Orte aus den Erinnerungen erneut aufzusuchen und könnten sich dadurch unterkühlen oder dehydrieren. Dies soll durch die Ortung mit GPS verhindert werden. Auch hier äußern sich die Angehörigen der Patienten positiv über den Gewinn an Sicherheit. Trotzdem existieren die gleichen Sorgen über Datenmissbrauch wie beim oben erwähnten System. (Pasternak M 2009)

Nicht nur GPS ermöglicht die Ortung von Personen. Durch das Mobilfunknetz ist es möglich, Personen anhand ihrer Handys zu orten. Mobiltelefone verbinden sich stets mit der nächstgelegenen Sendestation. Verlässt der Nutzer eine sogenannte Mobilfunkzelle, wird das Telefon am nächsten Sendemast registriert. Dadurch wird eine Positionsbestimmung möglich, die aufgrund der Infrastruktur in der Stadt genauer funktioniert als in dünn besiedelten Gebieten. Anwendung findet dieses Prinzip in ähnlichen, wie den oben genannten Systemen. Dienstleister stellen Plattformen zur Verfügung, mit der Eltern den Aufenthaltsort ihrer Kinder erfahren können. Die Diebstahlsicherung von Fahrzeugen ist eine weitere Option. (Kötter 2008) Neben der privaten Nutzung dient die Handyortung verschiedenen staatlichen und wirtschaftlichen Organisationen. Die thüringische Polizei setzte im Jahr 2009 51 mal Handyortung ein, um vermisste Personen und Verdächtige zu finden. (Buch 2010)

Die Weiterentwicklung des Traffic Message Channel (TMC), welcher Verkehrsmeldungen über UKW an Navigationsgeräte sendet, nutzt die Ortung der Mobiltelefone zur Präzisierung von Staumeldungen. Die Funktionsweise des sogenannten TMCpro verdeutlicht diese Abbildung:

Navigation mit Mobilfunkdaten

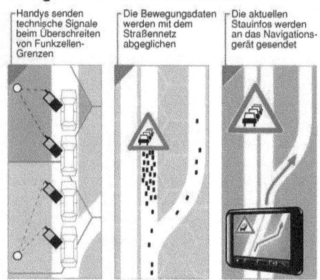

| Handys senden technische Signale beim Überschreiten von Funkzellen-Grenzen | Die Bewegungsdaten werden mit dem Straßennetz abgeglichen | Die aktuellen Stauinfos werden an das Navigations-gerät gesendet |

Abb. 4 Funktionsprinzip von TMCpro (Strobel 2009)

Ein Dienst namens Floating Phone Data System ermittelt, wie viele Nutzer sich in einer Mobilfunkzelle an- und abmelden und wie schnell sie die Zellen durchqueren. Mit diesen anonymisierten Daten werden Verkehrsflüsse berechnet, um zuverlässige Staumeldungen und Umfahrungsempfehlungen zu erstellen. (Gneiting 2009)

Es wurden verschiedene Möglichkeiten zur Ortung von Personen mittels Satelliten und Mobilfunk erläutert. Wie bereits erwähnt, sind Sicherheit und Zugriffsrechte bezüglich der erhobenen Daten wichtige Themen. Im Fokus auf ethische Probleme stellen sich die Fragen: Wer darf auf die Daten zugreifen? Welche Daten dürfen erhoben werden? Wie kann der Schutz vor unerwünschten Ortungen gewährleistet werden?

Der Schutz vor der Erstellung rechtswidriger Bewegungsprofile bildet eine wichtige Anforderung an die Anbieter solcher Systeme. Die Privatsphäre des Menschen muss in jedem Fall geschützt werden. Dies muss die Wirtschaftsinformatik bei der Entwicklung berücksichtigen.

3.6 Weitere ethisch relevante Themen

Google Street View

Google Street View ist ein Dienst, der es ermöglicht, online Orte virtuell zu erkunden. Dazu werden die Städte mit speziell ausgerüsteten Kamerafahrzeugen abfotografiert und im Internet bereitgestellt. Intention dieser Plattform ist, Urlaubsorte, Ausflugsziele oder neue Wohngegenden im Voraus anzuschauen. Momentan ist Street View in 27 Ländern verfügbar. Seit dem 18.11.2010 sind auch 20 deutsche Großstädte zur Betrachtung freigegeben. (FOCUS 2010) Datenschützer äußern jedoch starke Kritik und diskutieren vielseitig. Ein Bürger hat laut Bundesverbraucherschutzministerin Ilse Aigner keine Schutzmöglichkeit vor der Veröffentlichung der von ihm gemachten Fotos. (Brandscheid 2010)

Vorreiter in Deutschland waren ein kleiner Ort im Allgäu und einige wenige Sehenswürdigkeiten, um einen Ersteindruck über das System zu demonstrieren. Im Vorfeld wurde von Google die Möglichkeit eingeräumt, Anwohner die Bilder ihres Wohnsitzes sperren bzw. unkenntlich machen zu lassen. Bisher wurden rund 244.000 Einsprüche registriert. Dies entspricht laut Google nur drei Prozent der Betroffenen. (Kremp 2010) Die mehrfach kritisierten Eingriffe in das Persönlichkeitsrecht sollen durch die automatische Unkenntlichmachung von Gesichtern und Autokennzeichen verhindert werden. Dem wird jedoch entgegnet, dass auch die Kleidung und die Form der Autos Wiedererkennung ermöglichen. Weitere Bedenken werden durch die Möglichkeit der Erkundung von Häusern durch Einbrecher laut. Auch ein Personalchef könnte die Wohnverhältnisse seiner Bewerber analysieren. Die Persönlichkeitsrechte der Bürger sind demnach nicht ausreichend geschützt. (FAZ 2010)

Zusammengefasst wird die Funktionsweise von Street View durch diese Abbildung:

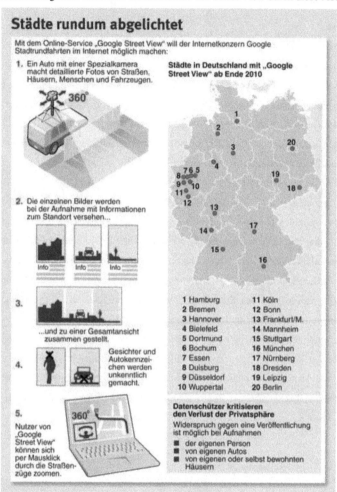

Abb. 5 Funktionsweise von Google Street View (FAZ 2010)

Zu erkennen ist, dass die Kameras bewusst in großer Höhe angebracht sind, sodass auch der Blick über Hecken und Zäune ermöglicht wird. Dieser Umstand verstärkt weiter den Eingriff in die Persönlichkeitsrechte. Mitte des Jahres 2010 wurde bekannt, dass die Fahrzeuge von Google Street View auch Daten über verfügbare Drahtlosnetzwerke, wie SSID, MAC und Verschlüsselungsart gesammelt haben. Dies verstößt gegen das Datenschutzrecht. Jedoch werden laut Google die Daten nicht mit geographischen Informationen verknüpft, sodass eine

Zuordnung zu Personen nicht möglich sein soll. In wie fern dies korrekt ist, wird derzeit in mehreren Ländern geprüft. (Nagel und Weimann 2010)

Für die Wirtschaftsinformatik ist die Diskussion um Google Street View ethisch sehr relevant, da dieses Informationssystem starken Einfluss auf Datenschutz und Persönlichkeitsrechte ausübt. Auffallend ist, dass nur in Deutschland eine so intensive Kritik dazu führte, dass ein Einspruchsrecht gewährt wurde. (Brandscheid 2010) Die Bevölkerung hat demnach einen großen Einfluss auf Google. Wünschenswert wären jedoch weiterhin mehr Informationen über die Funktionsweise des Systems und die Verwaltung der Daten. Eine solche Transparenz könnte ethische Bedenken möglicherweise einschränken.

E-Health

E-Health ist eine Kombination aus verschiedenen Dienstleistungen des Gesundheitswesen, die mit Hilfe von Informationssystemen und Kommunikationsnetzen bereitgestellt werden. Eine Anwendung ist zum Beispiel medizinische Beratung über das Internet. Weitere Systeme wie elektronische Patientenakten, Rezepte, Arztbriefe oder die elektronische Gesundheitskarte zählen auch zu E-Health. (Sass und Zhai oJ)

Die Aufgabe der Wirtschaftsinformatik bei diesem Thema ist die Konzeption, Entwicklung und Betreuung der Informationssysteme und der Technik. Die Strategieentwicklung, die Festlegung der Architektur und die operative Umsetzung sind typische Aufgaben von Wirtschaftsinformatikern. Für dieses interdisziplinäre Feld zwischen Medizin und Wirtschaft eignet sich die Wirtschaftsinformatik sehr gut. Von ethischer Bedeutung ist dieses Thema aufgrund des starken Bezugs auf den Menschen. Da private und vertrauliche Daten in den Informationssystemen behandelt werden, sind besonders Sicherheit, Privatsphäre und Vertraulichkeit zu gewährleisten. Das traditionelle Verhältnis zwischen Arzt und Patient könnte durch die Distanz beeinträchtigt werden. Schließlich ist eine medizinische Beratung über das Internet nicht mit persönlichem Kontakt vergleichbar. (Blobel 2008, S. 331)

Sinnhafte Vollautomation

Die Wirtschaftsinformatik strebt laut Mertens das langfristige Ziel der sinnhaften Vollautomation an. (Mertens et al. 2010, S. 4) Dies bedeutet, dass alle Aufgaben eines Menschen durch ein Anwendungssystem bzw. eine Maschine übernommen werden sollen, sofern sie dadurch günstiger, schneller oder qualitativ hochwertiger erfüllt werden. Sinnhaft bezieht sich dabei auf die gezielte Auswahl der automatisierbaren Aktivitäten. Die Suche nach günstigen Flugtickets über das Internet sollte durch ein Anwendungssystem erfolgen, aber die Auswahl einer Unternehmensstrategie muss Aufgabe der Manager bleiben. Ein Informationssystem könnte hierzu nur entscheidungsunterstützende Informationen aufbereiten und darstellen. Langfristig kann also in bestimmten Bereichen lediglich von einer Teilautomatisierung ausgegangen werden. (Mertes et al. 2010, S. 4)

Von ethischer Relevanz sind hierbei besonders die Fragen, welche Aufgaben automatisiert werden sollen. Bereits im Punkt 3.2 wurde auf die Entscheidungsproblematik hingewiesen. Was darf ein Informationssystem tun und welche Aufgaben sollten dem Menschen vorbehalten bleiben? Besonders im Arbeitsalltag hat die zunehmende Automatisierung Folgen. So wurde beispielsweise 2010 auf dem Main der Großteil der Schiffsschleusen automatisiert. Die stationär tätigen Schleusenwärter wurden durch Computersysteme ersetzt, die von wenigen Mitarbeitern in einer Leitzentrale koordiniert werden. Auf diese Weise wurden rund 35 Arbeitsplätze eingespart. (Meissner 2010) Während Kosten und Personal eingespart werden, wird durch die Zentrale ein 24 Stunden Betrieb ermöglicht. Ethisch und sozial fragwürdig ist jedoch die Reduktion der potenziellen Arbeitskräfte.

Ein weiterer Bereich, der sich mit der Automatisierung von Aufgaben beschäftigt, ist die Robotik. Während dort bereits vielfältig über ethische Themen, wie Tötung durch Roboter diskutiert wird, (Klopp 2010) stehen auch betriebswirtschaftliche Aspekte im Fokus. Die Frage nach der Schuldfähigkeit von Maschinen hat hohe ethische Relevanz. Wenn eine Maschine bzw. ein Roboter einen Fehler macht, ist er dann selbst haftbar oder der verantwortliche Mensch? Und welcher Mensch wäre verantwortlich? Der Entwickler, der Betreiber oder ein Dritter? Aufgrund der Uneinigkeit bei diesen Fragen, wird durch den Würzburger Robotik-Experten Klaus Schilling eine ethische und juristische Basis erarbeitet. Sein Ziel ist es, einen Orientierungsrahmen und Rechtssicherheit für die Entwicklung von Robotern zu erstellen. (Flohr 2010) Die Wirtschaftsinformatik ist als Entwickler solcher und ähnlicher Systeme und Maschinen von den ethisch relevanten Themen auch betroffen und muss sich damit auseinandersetzen.

17

Netzsperren

Im Jahr 2009 verfolgte die damalige Familienministerin Ursula von der Leyen das Ziel, Internetseiten mit kinderpornographischem Material sperren zu lassen. Ruft ein Nutzer eine Seite mit entsprechendem Inhalt auf, soll ein Stoppschild die Betrachtung verhindern und auf mögliche Konsequenzen hinweisen. Während die Intention, Kinder zu schützen von allen Seiten befürwortet wurde, entstand große Kritik am vorgeschlagenen System der Ministerin. Experten seien mit relativ einfachen Mitteln in der Lage, die Sperren zu umgehen, sodass sie ihr Ziel verfehlen würden. Um den Beschluss durchzusetzen, forderte Frau von der Leyen eine Änderung im Telemediengesetz. Weitere Bedenken wurden dahingehend geäußert, dass nur die Löschung des pornographischen Materials sinnvoll wäre und entsprechende Sperren später beliebig ausgeweitet werden könnten. (Christ 2009) Der Innenminister von Bayern, Joachim Herrman forderte 2009 bereits die Ausweitung der Sperrung auf rechtsextreme Seiten. (Seifert 2009)

In diesem Zusammenhang ergeben sich Fragen über die wirkungsvolle Umsetzung eines solchen Systems und welche Inhalte explizit gesperrt werden müssten. Als Entwickler solcher Systeme wären Wirtschaftsinformatiker mit diesen ethischen Themen konfrontiert.

Ende des Jahres 2009 wurden die Pläne zu Netzsperren vorerst gestoppt. Die neue Koalition aus CDU/CSU und FDP setzte die Realisierung vorerst aus. (Spiegel 2009) Das Thema verliert jedoch nicht an Brisanz, denn für das Jahr 2012 plant die EU zur Bekämpfung von Cyberkriminalität ein neues ähnliches System aus Netzsperren. (Biermann 2010) Die Wirtschaftsinformatik wird sich demnach auch weiterhin mit der ethisch relevanten Thematik der Zensur im Internet beschäftigen müssen.

4. Forderungen an die Wirtschaftsinformatik

Durch die Aufgabe der Wirtschaftsinformatik, Informationssysteme zu entwickeln und zu betreuen, ergibt sich eine hohe Verantwortung gegenüber den Nutzern der Systeme. Es müssen Entscheidungen getroffen werden, welche Rechte und Pflichten einem Benutzer zuzuteilen sind. Dabei müssen Zurechenbarkeit und Haftung für diese Entscheidungen klar angegeben sein, um ethische Betrachtungen zu realisieren. (Laudon et al. 2010, S. 160 f.) Zur Optimierung der Behandlung ethischer Themen in der Wirtschaftsinformatik wird in der Literatur eine ethische Analyse vorgeschlagen. Diese läuft in fünf Schritten ab:

- Eingangs müssen die wichtigsten Fakten festgehalten werden. Wer hat wem gegenüber etwas getan?
- Anschließend müssen der Konflikt und die berührten Werte identifiziert werden.
- Daraufhin werden die potenziell betroffenen Interessengruppen analysiert.
- Dann können die besten Handlungsalternativen herausgearbeitet werden.
- Im letzten Schritt erfolgt eine Untersuchung über die Folgen der Alternativen.

Mit diesen fünf Schritten kann ein Wirtschaftsinformatiker seine Vorhaben ethisch untersuchen und gegebenenfalls rechtfertigen. Die Anwendung dieses Verfahrens ist bei den im Punkt drei vorgestellten relevanten Themen unbedingt zu empfehlen. Weiterhin hilfreich ist die Auseinandersetzung mit ethischen Prinzipien, wie dem kategorischen Imperativ von Kant, welcher die Frage stellt, ob eine Gesellschaft überleben könnte, wenn jeder in der entsprechenden Situation sich so verhalten würde. (Laudon et al. 2010, S. 161 f.)

Der Wirtschaftsinformatiker hat also die Pflicht, sich bewusst mit allgemeingültigen Gesetzen und Handlungsweisen zu beschäftigen. Anhand der Handlungen, die durch die Ethik als korrekt eingestuft wurden, ist die Erstellung allgemeiner Handlungsrichtlinien für die Wirtschaftsinformatik wünschenswert.

In Anbetracht der eingangs erwähnten Arten der Ethik, existiert in der Literatur die Ansicht, dass für die Wirtschaftsinformatik vorrangig die deskriptive, also beschreibende, Ethik von Bedeutung ist. Die beschriebenen Handlungen des Wirtschaftsinformatikers sind ethisch zu rechtfertigen. Die normative Ethik als Aussagensystem, „welches genauere Handlungsanweisungen oder Kriteriensysteme entwickelt" steht nach Fehling und Jahnke (2007, S. 18) noch gänzlich am Anfang der Entwicklung. Feste Werte, nach denen der Wirtschaftsinformatiker handeln soll, werden also in absehbarer Zukunft nicht zur Verfügung stehen. Fraglich ist, ob so etwas überhaupt neben den Werten der Wirtschaftsethik und

Informationsethik ausgebildet werden kann, da ein Normenpluralismus möglich wäre. Der interdisziplinäre Charakter der Wirtschaftsinformatik könnte zu Widersprüchen zwischen den möglichen Handlungsalternativen führen. Davon unbeeinflusst ist jedoch die Forderung von Fehling und Jahnke (2007, S. 18), ethische Aspekte und Betrachtungsweisen fest in die Ausbildung von Wirtschaftsinformatikern zu integrieren, um das Bewusstsein für Ethik zu schulen und die Weiterentwicklung der deskriptiven Ethik zu fördern.

Derzeit wird die Wirtschaftsinformatik lediglich von einem Fachbereich der Gesellschaft für Informatik E.V. vertreten. (GI oJ) Es wäre jedoch erstrebenswert, eine eigenständige Organisation der Wirtschaftsinformatik zu etablieren, unter der ethische Leitlinien formuliert werden könnten. Diese Leitlinien könnten anschließend für alle Wirtschaftsinformatiker maßgeblich sein. Im Allgemeinen ließe sich dadurch auch der Bezug zur Ethik verstärken.

Abseits davon ergeben sich für die Anbieter von Informationssystemen weitere Forderungen. Wie im Punkt 3.6 bereits gezeigt, mangelt es Unternehmen wie Google an Nachvollziehbarkeit ihrer Anwendungen. Dem Nutzer ist nicht ersichtlich, welche Daten erhoben, gespeichert und verwendet werden. Transparenz ist ein wichtiger Faktor, um ethische Bedenken zu minimieren. Wenn es Kritik zu bestimmten Systemen gibt, muss ein Anbieter auch klare Stellungnahmen dazu geben können. Im Punkt 3.3 wurde außerdem der Datenschatten erläutert, welcher sich durch transparentere Datenhaltungssysteme begrenzen lassen könnte. In diesem Zusammenhang ist auch die Löschung der Daten gefordert, die nicht mehr verwendet werden, um den Datenschatten eines jeden Nutzers zu begrenzen.

5. Zusammenfassung und Fazit

In der vorliegenden Arbeit wurde das Thema Ethik in der Wirtschaftsinformatik umfassend untersucht. Neben zweckmäßigen Definitionen stand die Beantwortung der Forschungsfrage „Welche ethischen Themen betreffen die Wirtschaftsinformatik?" im Vordergrund. Diese wurde durch den dritten Gliederungspunkt der Arbeit beantwortet. In den Punkten 3.1 Asymmetrien in Informationssystemen und 3.2 Verantwortlichkeit von Entscheidungsträgern wurden theoretische ethische Themen, die sich im Allgemeinen mit der Gestaltung von Informationssystemen beschäftigen, behandelt. Im Anschluss wurden verschiedene Themen zum Bereich des Datenschutzes vorgestellt, die mit tagesaktuellen politischen Themen, wie der geplanten Volkszählung eine ethische Relevanz für die Wirtschaftsinformatik belegen. Weitere derzeitige Themen wie Ortungssysteme, Google Street View, E-Health und die Netzsperren wurden in 3.5 und 3.6 beleuchtet.

Die These dieser Arbeit „In der Wirtschaftsinformatik haben ethische Aspekte bisher keine Beachtung gefunden.", wurde widerlegt. Die Beantwortung der Forschungsfrage der Arbeit hat die Vielzahl von ethischen Themen, die die Wirtschaftsinformatik betreffen, aufgezeigt. Dadurch wurde belegt, dass viele Themen bereits Beachtung finden.

Die Forderungen an die Wirtschaftsinformatik im Punkt vier verdeutlichen jedoch, dass die Beachtung ethischer Aspekte nicht ausreichend ist. Es fehlen einheitliche ethische Leitlinien und Handlungsoptionen für Wirtschaftsinformatiker. In diesem Zusammenhang wurden Empfehlungen zur Analyse von ethischen Problemen gegeben. Weiterhin wünschenswert ist die Einrichtung einer Organisation, die die Wirtschaftsinformatik vertritt. Der Verband der Wirtschaftsinformatik in der Schweiz könnte als Beispiel dienen.

Die im Punkt 3.6 angesprochene Automatisierungsproblematik von menschlichen Aufgaben hat deutliche Parallelen zur Robotik aufgewiesen. Ein Vergleich zwischen ethischen Ansichten der Robotik und der Wirtschaftsinformatik wäre ein guter Schritt in die Entwicklung von ethischen Leitlinien für Wirtschaftsinformatiker. In diesem Zusammenhang wäre sicherlich auch eine Analyse der ethischen Leitlinien der Informatik vorteilhaft, um Parallelen zur Wirtschaftsinformatik zu identifizieren und die Entwicklung eigener Handlungsregeln voranzutreiben.

Besonders auffallend war die Wirkung von Themen, die die Bevölkerung direkt betreffen. Durch verschiedene Protestwellen und Kritikeraussagen konnte beispielsweise die Einführung von Google Street View verschoben werden. Erst durch die Kritik wurden entsprechende

Schutzmaßnahmen für die Privatsphäre ermöglicht. Die Untersuchung des Einflusses der Bevölkerung auf die Einführung neuer Informationssysteme stellt unter diesen Gesichtspunkten ein interessantes Thema dar.

Mit dieser Arbeit wurde dargelegt, dass viele Themen die Wirtschaftsinformatik stark beeinflussen und das Bewusstsein dafür noch zu gering ist. In diesem Zusammenhang ist auch der in Punkt vier dargestellte Vorschlag, ethische Themen in die Ausbildung von Wirtschaftsinformatiker fest zu integrieren, sehr zu befürworten. Nur wenn die Aufmerksamkeit für solche Themen früh geschult wird, kann später eine ausführliche Auseinandersetzung damit stattfinden. Notwendig ist dies, da die Wirtschaftsinformatik bereits heute intensiv von Ethik beeinflusst wird.

Literaturverzeichnis

3sat (2006) Datenschatten Der gläserne Mensch ist fast schon Realität. http://www.3sat.de/page/?source=/delta/89804/index.html. Abruf am 2010-11-16

Abts D, Mülder W (2009) Grundkurs Wirtschaftsinformatik: Eine kompakte und praxisorientierte Einführung. 6. Aufl., Vieweg+Teubner, Wiesbaden

Biermann K (2010) EU plant Netzsperren bis 2012 http://www.zeit.de/digital/internet/2010-03/netzsperren-eu-circamp. Abruf am 2010-11-18

Blobel B (2008) Wie kann Wirtschaftsinformatik helfen, E-Health voranzutreiben? Wirtschaftsinformatik 2008 (4): 330-334. doi: 10.1365/s11576-008-0070-9

Brandscheid J (2010) Datenschutz contra Google Street View Faszinierende Bilder auf Kosten der Privatsphäre. http://www.tagesschau.de/inland/googlestreetview106.html. Abruf am 2010-11-16

Buch R (2010) Handyortung: Polizei nutzt Technik zur Ermittlung. http://www.areamobile.de/news/15031-handyortung-polizei-nutzt-technik-zur-ermittlung. Abruf am 2010-11-10

Christ S (2009) Von der Leyen-Vorstoß Leise Kritik an Kinderporno-Sperre. http://www.stern.de/politik/deutschland/von-der-leyen-vorstoss-leise-kritik-an-kinderporno-sperre-659049.html. Abruf am 2010-11-18

FAZ (2010) Google Street View startet Gegner müssen rasch Widerspruch einlegen. http://www.faz.net/s/RubD16E1F55D21144C4AE3F9DDF52B6E1D9/Doc~E924FF1296F59 4E8E8A468FD339A4D20A~ATpl~Ecommon~Sspezial.html. Abruf am 2010-11-16

Fehling G, Jahnke B (2007) Wirtschaftsinformatik und Ethik – Komplementarität oder Konkurrenz? in Universität Tübingen (Hrsg) Arbeitsberichte zur Wirtschaftsinformatik, Band 17, Tübingen

Flohr U (2010) Schuldfähigkeit von Maschinen „Roboter werden Fehlentscheidungen treffen"
http://www.spiegel.de/wissenschaft/technik/0,1518,705961,00.html. Abruf am 2010-11-18

FOCUS (2010) Street View Google startet Street View für 20 deutsche Großstädte
http://www.focus.de/panorama/vermischtes/street-view-google-startet-street-view-fuer-20-deutsche-grossstaedte_aid_573355.html. Abruf am 2010-11-18

Fricke W (2008) Zum Schwerpunkt „Der lange Datenschatten der Arbeitnehmer" in AiB
(Hrsg) Computer und Arbeit Ausgabe 11/2008, Frankfurt am Main

GI (oJ) http://www.gi-ev.de/gliederungen/fachbereiche/wirtschaftsinformatik-wi.html. Abruf
am 2010-11-18

Gneiting S (2009) Endlich präzise Staumeldungen: Handy-Ortung soll dabei helfen.
http://www.zdnet.de/mobiles_arbeiten_navigieren_endlich_praezise_staumeldungen_handy_o
rtung_soll_dabei_helfen_story-39002200-39201815-2.htm. Abruf am 2010-11-10

Golem.de (2010) Freiheit statt Angst 7.500 demonstrieren gegen Vorratsdatenspeicherung.
http://www.golem.de/showhigh2.php?file=/1009/77888.html&wort[]=elena. Abruf am 2010-11-15

Hausding M (2010) Hausbesitzer kritisieren Volkszählung.
http://www.moz.de/lokales/artikel-ansicht/dg/0/1/267551/. Abruf am 2010-11-16

Johnson D, Mulvey J (1995) Accountability and Computer Decision Support. in Communications of the ACM Vol 38, New York

Karmasin M, Litschka M (2008) Wirtschaftsethik – Theorien, Strategien, Trends. Lit Verlag,
Berlin

Klopp T (2010) Roboter sollen nicht töten dürfen. http://www.zeit.de/digital/games/2010-09/roboter-waffen-krieg-menschenrechte. Abruf am 2010-11-18

Koch J (2010) Street View Bürgerprotest gegen Google. http://www.rp-online.de/duesseldorf/duesseldorf-stadt/nachrichten/Buergerprotest-gegen-Google_aid_892897.html. Abruf am 2010-11-15

Kötter Y (2008) Handy-Ortung: Spionieren mit dem Mobiltelefon. http://www.netzwelt.de/news/71963-handy-ortung-spionieren-mobiltelefon.html. Abruf am 2010-11-10

Kremp M (2010) Street-View-Start So verpixelt Google die Republik http://www.spiegel.de/netzwelt/web/0,1518,726646,00.html. Abruf am 2010-11-16

Laudon K, Laudon J, Schoder D (2010) Wirtschaftsinformatik Eine Einführung. 2. Aufl., Pearson Studium, München

Lorenz (2009) Die Geschichte von GPS. http://www.naviwelt-auto.de/2009/10/08/die-geschichte-von-gps/. Abruf am 2010-11-10

Mansfeld W (1998) Satellitenortung und Navigation: Grundlagen und Anwendung globaler Satellitennavigationssysteme. 1. Aufl., Vieweg Verlag , Wiesbaden

Meissner G (2010) Computer ersetzen Schleusenwärter. http://www.mainpost.de/regional/wuerzburg/Computer-ersetzen-Schleusenwaerter;art736,5828366. Abruf am 2010-11-18

Mertens P, Bodendorf F, König W, Picot A, Schumann M, Hess T (2010) Grundzüge der Wirtschaftsinformatik. 10. Aufl., Springer, Heidelberg

Ortner E (2009) Geschichte der Wirtschaftsinformatik. http://www.oldenbourg.de:8080/wi-enzyklopaedie/lexikon/uebergreifendes/Kerndisziplinen/Wirtschaftsinformatik/Geschichte-der-Wirtschaftsinformatik. Abruf am 2010-11-10

O'Reilly T (2005) Non Obvious Relationship Awareness. http://radar.oreilly.com/archives/2005/04/non-obvious-rel.html. Abruf am 2010-11-09

Pasternak M (2009) GPS Ortung für Angehörige von Demenz Patienten. http://www.online-artikel.de/article/gps-ortung-fuer-angehoerige-von-demenz-patienten-32619-1.html. Abruf am 2010-11-10

Reichling M (2010) ELENA – Außer Spesen nichts gewesen. http://blog.steuerberaten.de/unternehmen/12_3379_elena-auser-spesen-nichts-gewesen/. Abruf am 2010-11-23

Rippe K (2005) Der menschliche Körper als Datenträger. in Baeriswyl, Rudin, Hämmerli, Schweizer, Waidner (Hrsg) digma, Heft 4, Zürich

Sass H, Zhai X (oJ) Gesundheitsethik. http://www.ethik-in-der-praxis.de/ethik/gesundheitsethik/index.htm. Abruf am 2010-11-12

Seifert M (2009) Ausweitung der Netzsperren gefordert. http://www.newspoint.cc/artikel/Digital/Ausweitung_der_Netzsperren_gefordert_30779.html. Abruf am 2010-11-18

Schayani I, Schmitt J (2010) Der gläserne Arbeitnehmer Die Datenkrake Elena macht es möglich. http://www.3sat.de/page/?source=/kulturzeit/themen/141172/index.html. Abruf am 2010-11-15

Spiegel (2009) Schwarz-gelber Koalitionspoker FDP stoppt Internetsperren http://www.spiegel.de/politik/deutschland/0,1518,655464,00.html. Abruf am 2010-11-18

Strobel A (2009) Warum sich TMC Pro lohnt. http://www.connect.de/ratgeber/warum-sich-tmc-pro-lohnt-378205.html. Abruf am 2010-11-17

Nagel D, Weimann T (2010) Google Street View Im Kreuzfeuer der Datenschützer. http://www.lto.de/de/html/nachrichten/754/im-Kreuzfeuer-der-DatenschC3BCtzer-/. Abruf am 2010-11-16